A la vida, por ser nuestra maestra más implacable y a la vez nuestra aliada más leal. A sus retos, que nos desafían, nos doblan, nos ponen a prueba, pero nunca nos rompen por completo. Gracias a las dificultades que enfrentamos, descubrimos nuestra fortaleza; como el fuego que transforma al acero, los retos nos forjan y nos hacen más fuertes.

A los momentos de incertidumbre y dolor, que nos enseñaron a resistir y a valorar la calma. Como el carbón bajo presión, los desafíos no solo nos moldean, sino que también nos convierten en algo más puro, más brillante, más auténtico. Gracias a ellos, entendemos que en cada caída hay una oportunidad para levantarnos más sabios y más resilientes.

A los días de lucha, que nos recuerdan que cada paso, por pequeño que sea, cuenta. A las noches largas, donde aprendimos que incluso en la oscuridad podemos encontrar luz, si miramos con los ojos del corazón.

A las personas que estuvieron a nuestro lado en este camino, ya sea ofreciendo apoyo o poniéndonos obstáculos. De ambas hemos aprendido. A los que nos inspiraron y a los que nos desafiaron, porque cada interacción dejó una huella.

Y, sobre todo, a ti, lector. Este libro es el resultado de un viaje lleno de aprendizajes, y mi mayor deseo es que las palabras aquí compartidas sean un faro en tu propio camino. Gracias por permitir que forme parte de tu vida, por confiar en este mensaje, y por elegir transformar tu tiempo, tu vida y tu legado.

A la vida, siempre, gracias. 󠀠

CONTENIDO

Dedicatoria	
La Fórmula del Tiempo	2
Tu Tiempo, Tu Futuro	5
El tiempo como el activo más valioso	8
Identifica Tus Prioridades	13
Diseña Tu Sistema de Productividad	19
Elimina el Ruido	24
Toma Decisiones Rápidas y Efectivas	29
Multiplica Tu Tiempo con Delegación	34
Construye Hábitos que Ahorren Tiempo	39
Mide y Ajusta Tu Progreso	45
Tu Tiempo, Tu Legado	50
Toma acción ahora mismo	52
Un mensaje final	53
Extras y recursos recomendados	54

"Gestiona Tus Horas Como un Emprendedor de Élite"

La Fórmula del Tiempo

"DEJA DE CORRER, EMPIEZA A AVANZAR."
Mike Warr

LA FÓRMULA DEL TIEMPO

GESTIONA TUS HORAS COMO UN EMPRENDEDOR DE ÉLITE

Estrategias comprobadas para aprovechar cada minuto y escalar tu negocio

---

Agradecimientos

A la vida, por ser nuestra maestra más implacable y a la vez nuestra aliada más leal. A sus retos, que nos desafían, nos doblan, nos ponen a prueba, pero nunca nos rompen por completo. Gracias a las dificultades que enfrentamos, descubrimos nuestra fortaleza; como el fuego que transforma al acero, los retos nos forjan y nos hacen más fuertes.

A los momentos de incertidumbre y dolor, que nos enseñaron a resistir y a valorar la calma. Como el carbón bajo presión, los desafíos no solo nos moldean, sino que también nos convierten en algo más puro, más brillante, más auténtico. Gracias a ellos, entendemos que en cada caída hay una oportunidad para levantarnos más sabios y más resilientes.

A los días de lucha, que nos recuerdan que cada paso, por pequeño que sea, cuenta. A las noches largas, donde aprendimos que incluso en la oscuridad podemos encontrar luz, si miramos con los ojos del corazón.

A las personas que estuvieron a nuestro lado en este camino, ya sea ofreciendo apoyo o poniéndonos obstáculos. De ambas hemos aprendido. A los que nos inspiraron y a los que nos desafiaron, porque cada interacción dejó una huella.

Y, sobre todo, a ti, lector. Este libro es el resultado de un viaje lleno de aprendizajes, y mi mayor deseo es que las palabras aquí compartidas sean un faro en tu propio camino. Gracias por permitir que forme parte de tu vida, por confiar en este mensaje, y por elegir transformar tu tiempo, tu vida y tu legado.

A la vida, siempre, gracias.

La Fórmula del Tiempo:

Gestiona Tus Horas Como un Emprendedor de Élite

Estrategias comprobadas para aprovechar cada minuto y escalar tu negocio

TU TIEMPO, TU FUTURO

El tiempo es el recurso más equitativo que existe. Todos, sin importar nuestra profesión, ubicación o situación económica, tenemos las mismas 24 horas al día. La diferencia está en cómo las usamos. Mientras algunos convierten cada minuto en avances, otros ven cómo el tiempo se les escapa sin saber exactamente a dónde fue.

Si eres emprendedor, sabes que el tiempo es aún más crítico. Tienes que construir tu negocio, tomar decisiones estratégicas, atender clientes, liderar equipos... y en medio de todo eso, encontrar tiempo para ti y tu vida personal. Pero aquí está la buena noticia: no necesitas más tiempo, necesitas un sistema para gestionarlo mejor.

En este libro aprenderás:

- Cómo identificar las actividades que realmente generan resultados.
- Técnicas para organizar tu día de manera efectiva.
- Estrategias prácticas para eliminar distracciones y maximizar tu enfoque.
- Métodos para delegar, automatizar y multiplicar tu tiempo.

Este no es solo un libro de consejos. Es una guía práctica basada en experiencias reales y estrategias comprobadas. Si sigues lo que te propongo, no solo mejorarás tu productividad, sino que también te sentirás más libre y en control de tu vida.

¿Listo para empezar? Vamos a desbloquear la fórmula del tiempo.

Capítulos

Capítulo 1: El Tiempo Como Activo
- *Concepto fundamental: el tiempo es un recurso limitado y valioso.*
- Diferencia entre gastar tiempo e invertir tiempo.
- Ejercicio práctico: ¿Cómo valoras tu tiempo hoy?

Capítulo 2: Identifica Tus Prioridades
- *Definir lo que realmente importa para avanzar en tu negocio.*
- Uso de herramientas como la Matriz de Eisenhower.
- Ejercicio práctico: Clasifica tus tareas y descubre tus prioridades.

Capítulo 3: Diseña Tu Sistema de Productividad
- *Cómo organizar tu tiempo para obtener resultados consistentes.*
- Conceptos como la Hora Poderosa y el Time Blocking.
- Ejemplo práctico: Diseña un día perfecto.

Capítulo 4: Elimina el Ruido
- *Identificar y minimizar distracciones externas e internas.*
- Estrategias para reducir el ruido digital y social.
- Ejercicio práctico: Declara una "Semana Sin Ruido."

Capítulo 5: Toma Decisiones Rápidas y Efectivas
- *Cómo evitar la parálisis por análisis.*
- Métodos para decidir con claridad y rapidez.
- Ejercicio práctico: Haz una lista de decisiones pendientes y actúa.

Capítulo 6: Multiplica Tu Tiempo con Delegación
- *Por qué delegar es esencial para escalar tu negocio.*
- Identificar tareas delegables y cómo elegir a la persona correcta.
- Ejemplo práctico: Diseña tu plan de delegación.

Capítulo 7: Construye Hábitos que Ahorren Tiempo
- *La importancia de los hábitos para una productividad sostenible.*
- Crear rutinas automáticas que impulsen tu día.
- Ejemplo práctico: Implementa un hábito clave en 21 días.

Capítulo 8: Mide y Ajusta Tu Progreso
- *Cómo evaluar si estás utilizando tu tiempo de manera efectiva.*
- Uso de indicadores clave para medir productividad.
- Ejercicio práctico: Realiza una auditoría de tiempo mensual.

El Tiempo Como Activo

"El tiempo no se gasta, se invierte. Y las inversiones inteligentes siempre generan resultados."

EL TIEMPO COMO EL ACTIVO MÁS VALIOSO

Cuando piensas en los recursos necesarios para construir un negocio exitoso, probablemente se te vienen a la mente cosas como dinero, contactos, habilidades o incluso suerte. Pero hay algo que es más valioso que todo eso: tu tiempo.

A diferencia del dinero, el tiempo no puede ahorrarse, ni almacenarse, ni recuperarse. Cada día tienes exactamente 1,440 minutos. Una vez que se van, no vuelven jamás. Esta realidad puede ser aterradora para algunos, pero para los emprendedores que entienden su valor, es una ventaja enorme.

Imagina que cada mañana recibes un depósito de 1,440 monedas en una cuenta especial. Estas monedas son tus minutos del día, y tienes que gastarlas antes de que termine la jornada porque a la medianoche desaparecen. La pregunta no es si las vas a gastar, sino **cómo las vas a gastar**.

¿Estás invirtiendo o desperdiciando tu tiempo?

Aquí está la clave: no todos los minutos valen lo mismo. El valor de un minuto depende de cómo lo usas. Veamos dos maneras de manejar el tiempo:

1. Gastar el tiempo

Cuando gastas tiempo, lo usas en cosas que no aportan valor. Estas actividades pueden sentirse urgentes o incluso necesarias en el

momento, pero al final no te acercan a tus metas.
- Ejemplo: Revisar constantemente tus redes sociales sin un propósito claro.
- Ejemplo: Decir "sí" a reuniones innecesarias que no aportan resultados.
- Ejemplo: Hacer tareas que podrías delegar porque piensas que nadie las hará mejor que tú.

Gastar tiempo es como tirar monedas por la ventana. Puede que lo hagas sin darte cuenta, pero al final del día, te das cuenta de que no tienes nada que mostrar por todo el tiempo que "invertiste".

2. Invertir el tiempo

Cuando inviertes tu tiempo, lo usas en actividades que generan valor a corto o largo plazo. Estas actividades están alineadas con tus metas y tienen un impacto real en tu negocio y tu vida.
- Ejemplo: Dedicar 30 minutos a planificar tu semana.
- Ejemplo: Trabajar en un proyecto clave que hará crecer tu negocio.
- Ejemplo: Leer un libro o tomar un curso que mejore tus habilidades.

Invertir tiempo es como plantar semillas. Al principio, puede que no veas resultados inmediatos, pero con el tiempo, estas inversiones dan frutos que se multiplican.

Un ejemplo práctico: Juan y María

Para entender la diferencia entre gastar e invertir el tiempo, imagina a dos emprendedores: Juan y María.

Juan comienza su día revisando correos y redes sociales. Luego pasa horas atendiendo llamadas que no son urgentes, resolviendo problemas menores y haciendo tareas que podría delegar. Al final del día, se siente agotado, pero cuando revisa lo que logró, no hay nada significativo.

María, en cambio, empieza su día planificando. Dedica la primera hora a trabajar en su proyecto más importante. Usa bloques de tiempo para enfocarse en tareas clave y se asegura de delegar las actividades que no requieren su atención directa. Al final del día, tiene energía y un sentido de logro porque avanzó en las cosas que realmente importan.

La diferencia entre Juan y María no está en la cantidad de horas que tienen, sino en cómo las usan.

El costo oculto del tiempo perdido

¿Alguna vez has dicho: "No tengo tiempo"? Si es así, considera esto: perder una hora al día en actividades innecesarias equivale a 365 horas al año. Eso es más de 15 días completos.

¿Qué podrías hacer con 365 horas adicionales?

- Escribir un libro.
- Lanzar un nuevo producto.
- Aprender una nueva habilidad.
- Dedicar más tiempo a tu familia o a ti mismo.

Cada minuto cuenta. Incluso pequeñas pérdidas de tiempo se acumulan y pueden costarte oportunidades importantes.

Cambia tu mentalidad sobre el tiempo

Uno de los mayores errores que cometemos es tratar el tiempo como si fuera algo ilimitado. Pero la verdad es que el tiempo es finito. Cada minuto que pasa es una oportunidad perdida o aprovechada. Aquí hay algunas formas de cambiar tu mentalidad para empezar a ver el tiempo como un activo:

1. Piensa en términos de inversión

Cada actividad que haces debería tener un retorno. Esto no significa que siempre debas estar trabajando, pero sí significa que deberías ser intencional con tu tiempo.

2. Aprende a decir "no"

Cuando dices "sí" a algo, estás diciendo "no" a otra cosa. Decir "no" a las cosas que no importan es clave para proteger tu tiempo.

3. Valora tu tiempo como si fuera dinero

Si alguien te ofreciera $10 por una hora de tu tiempo, probablemente dirías que vale más. Entonces, ¿por qué regalarías ese mismo tiempo haciendo cosas que no generan valor?

Ejercicio práctico: Haz un inventario de tu tiempo

Para empezar a entender cómo usas tu tiempo, haz este ejercicio simple:

1. **Escribe tus actividades:** Haz una lista de todo lo que haces en un día típico.
2. **Clasifica cada actividad:** Decide si cada actividad es una inversión o un gasto de tiempo.
3. **Identifica patrones:** ¿Qué actividades podrías reducir o eliminar? ¿Qué deberías hacer más?
4. **Haz un plan:** Decide una cosa que harás diferente mañana para usar mejor tu tiempo.

Tu relación con el tiempo empieza aquí

El tiempo no es algo que puedas controlar, pero sí puedes controlar cómo lo usas. Ver el tiempo como un activo cambia tu perspectiva y te da el poder de tomar mejores decisiones. A partir de hoy, cada minuto puede ser una oportunidad para avanzar, crecer y construir el futuro que deseas.

En el próximo capítulo, aprenderemos a identificar tus prioridades para que puedas enfocarte en las actividades que realmente importan. Porque no se trata solo de trabajar duro, sino de trabajar en lo que importa.

¿Listo para transformar tu tiempo? ¡Vamos al siguiente paso!

IDENTIFICA TUS PRIORIDADES

"La clave no está en hacer más cosas, sino en hacer las cosas correctas."

La trampa de estar ocupado

Vivimos en una cultura donde estar ocupado se asocia con ser productivo, pero esa creencia es una de las mayores trampas para un emprendedor. Puedes pasar el día corriendo de una tarea a otra, respondiendo correos, atendiendo llamadas, resolviendo problemas, y al final sentir que no avanzaste en nada importante.

La diferencia entre estar ocupado y ser productivo está en las prioridades. Un emprendedor exitoso no trata de hacer todo, sino de hacer lo que realmente importa. En este capítulo, aprenderás a identificar tus prioridades y a enfocarte en ellas para lograr un impacto real.

¿Qué son las prioridades?

Las prioridades son como un faro que te guía en un mar lleno de posibilidades. Son esas actividades, decisiones o proyectos que, cuando les dedicas tiempo, te acercan significativamente a tus metas.

Sin prioridades claras:
- Te sientes abrumado porque todo parece importante.
- Te distraes fácilmente porque no sabes en qué enfocarte.
- Pierdes tiempo en cosas que no generan resultados.

Con prioridades claras:
- Sabes exactamente qué hacer primero cada día.
- Tomas decisiones más rápidas y efectivas.
- Sientes progreso constante hacia tus metas.

El principio de Pareto: 80/20

Uno de los conceptos más útiles para definir prioridades es el **principio de Pareto**, también conocido como la regla 80/20. Esta regla dice que el 80% de tus resultados provienen del 20% de tus esfuerzos.

Ejemplo práctico:

Si tienes 10 tareas en tu lista, probablemente solo 2 de ellas (el 20%) son responsables del 80% de tu progreso. El resto son tareas que, aunque importantes, no tienen el mismo impacto.

Tu objetivo como emprendedor es identificar ese 20% y enfocarte en él. Esto significa aprender a diferenciar entre lo urgente y lo importante, algo que veremos más adelante.

La Matriz de Eisenhower: Una herramienta poderosa

La Matriz de Eisenhower es una técnica simple pero efectiva que te ayuda a priorizar tus tareas según dos criterios: **urgencia** e **importancia**. Este sistema te permite clasificar tus actividades en cuatro categorías:

1. **Importante y urgente:**
   Estas tareas deben hacerse de inmediato porque tienen un impacto significativo y una fecha límite cercana.
   o Ejemplo: Resolver una crisis con un cliente clave.
2. **Importante pero no urgente:**
   Estas tareas son estratégicas y generan valor a largo plazo, pero no tienen una fecha límite inmediata.
   o Ejemplo: Planificar tu próximo lanzamiento de producto.
3. **No importante pero urgente:**
   Estas tareas requieren atención inmediata, pero no generan mucho valor. Idealmente, deberías delegarlas.
   o Ejemplo: Responder correos administrativos.
4. **No importante ni urgente:**
   Estas son distracciones que deberías eliminar por completo.
   o Ejemplo: Pasar tiempo en redes sociales sin un propósito claro.

Cómo usar la Matriz de Eisenhower

1. **Haz una lista de todas tus tareas pendientes.**
   No importa si son grandes o pequeñas, anótalas todas.
2. **Clasifica cada tarea según los cuadrantes de la matriz.**
   Pregúntate: ¿Es importante? ¿Es urgente? ¿Ambas?
3. **Actúa según el cuadrante:**
   o Haz de inmediato las tareas **importantes y urgentes**.
   o Programa las tareas **importantes pero no urgentes** en tu calendario.

- Delega las tareas **no importantes pero urgentes**.
- Elimina las tareas **no importantes ni urgentes**.
-

Un ejemplo real: Laura y la planificación estratégica

Laura es dueña de una pequeña tienda en línea. Cada día, pasa horas respondiendo correos de clientes, publicando en redes sociales y lidiando con problemas técnicos. Aunque siempre está ocupada, siente que su negocio no crece.

Un día, Laura decide usar la Matriz de Eisenhower. Esto es lo que descubre:

- **Importante y urgente:** Resolver un problema con su sistema de pagos en línea.
- **Importante pero no urgente:** Crear una estrategia de marketing para aumentar sus ventas a largo plazo.
- **No importante pero urgente:** Responder a preguntas frecuentes de clientes (decide delegar esta tarea a un asistente virtual).
- **No importante ni urgente:** Pasar una hora revisando otras tiendas en línea por curiosidad.

Al clasificar sus tareas y enfocarse en lo que realmente importa, Laura logra resolver el problema técnico, crear una estrategia de marketing y liberar tiempo para descansar.

Preguntas para identificar tus prioridades

Si no sabes por dónde empezar, estas preguntas pueden ayudarte a aclarar tus prioridades:

1. ¿Qué tarea tiene el mayor impacto en mis metas a largo plazo?
2. ¿Qué tarea, si la dejo sin hacer, tendrá consecuencias negativas inmediatas?

3. ¿Qué tareas puedo delegar o eliminar sin afectar mis resultados?
4. ¿Estoy haciendo esto porque es importante o porque parece urgente?

El peligro de las tareas urgentes

A menudo, lo urgente tiende a eclipsar lo importante. Las notificaciones, correos y llamadas pueden hacerte sentir que todo debe ser atendido de inmediato, pero no siempre es así.

Ejemplo:
Imagina que estás trabajando en una presentación importante para un cliente. De repente, recibes un correo sobre un pequeño problema en la oficina. Si abandonas tu presentación para resolver ese problema, pierdes tu enfoque y retrasas una tarea clave.

La solución es aprender a **proteger tu tiempo** para lo importante. Esto significa establecer bloques de tiempo sin interrupciones y enseñar a los demás a respetar tus horarios.

Ejercicio práctico: Prioriza tus metas

1. Haz una lista de tus tres metas principales para el próximo mes.
2. Escribe todas las tareas que necesitas hacer para lograr esas metas.
3. Usa la Matriz de Eisenhower para clasificar las tareas.
4. Haz un plan:
   - Agenda las tareas importantes pero no urgentes.
   - Empieza de inmediato con las tareas importantes y urgentes.
   - Busca formas de delegar las demás.

Conclusión del capítulo

Tener claras tus prioridades no solo mejora tu productividad, sino que también reduce el estrés y aumenta tu confianza. Cuando sabes en qué enfocarte, cada día tiene propósito y significado. Recuerda: no se trata de hacer más cosas, sino de hacer las cosas correctas.

En el próximo capítulo, exploraremos cómo diseñar un sistema de productividad que te permita mantener el enfoque y avanzar constantemente hacia tus metas.

DISEÑA TU SISTEMA DE PRODUCTIVIDAD

"Un sistema bien diseñado no solo organiza tu tiempo, sino que libera tu mente y multiplica tus resultados."

El problema de la productividad sin estructura

La mayoría de las personas abordan su día de manera reactiva. Se despiertan y lo primero que hacen es revisar sus correos, atender notificaciones o apagar "fuegos" en lugar de trabajar en lo que realmente importa. Este enfoque caótico no solo es agotador, sino que también es ineficaz.

Para los emprendedores, esta falta de estructura puede ser desastrosa. Sin un sistema claro, es fácil caer en la trampa de estar ocupado pero no productivo. Por eso necesitas un sistema de productividad: un conjunto de reglas, herramientas y rutinas diseñadas para ayudarte a sacar el máximo provecho de tu tiempo.

¿Qué es un sistema de productividad?

Un sistema de productividad es como un mapa que te guía a lo largo del día. Te ayuda a organizar tus tareas, priorizar lo que importa y eliminar distracciones. Sin un sistema, te sentirás como si estuvieras navegando sin brújula, gastando tiempo y energía en cosas que no te acercan a tus metas.

Beneficios de un sistema de productividad bien diseñado:

1. **Claridad:** Sabes exactamente qué hacer y cuándo hacerlo.
2. **Control:** Te permite manejar tu tiempo en lugar de que el tiempo te maneje a ti.
3. **Eficiencia:** Reduces el tiempo perdido en decisiones pequeñas o distracciones.

Los elementos clave de un sistema de productividad

Un buen sistema incluye tres componentes esenciales: **planificación**, **enfoque** y **evaluación**. Veamos cada uno en detalle.

1. Planificación: Diseña tu día antes de empezar

La planificación es el pilar de cualquier sistema productivo. Un día bien planificado vale por dos, porque evita que pierdas tiempo decidiendo qué hacer a cada momento.

Estrategias de planificación:

a. La Hora de Oro:
Dedica 15-30 minutos cada noche o cada mañana para planificar tu día. Este pequeño hábito puede transformar tu productividad. Durante esta "hora", escribe las tres tareas más importantes que necesitas completar.

b. Divide tu día en bloques de tiempo (Time Blocking):

En lugar de tratar de hacer todo a la vez, divide tu jornada en bloques específicos dedicados a una sola actividad.

- Ejemplo:
    - 9:00 - 10:30 AM: Trabajar en un proyecto clave.
    - 10:30 - 11:00 AM: Responder correos importantes.
    - 11:00 - 11:30 AM: Descanso y planificación rápida.

c. Usa herramientas digitales:
Aplicaciones como Google Calendar, Notion o Todoist pueden ayudarte a organizar tu día de manera visual y eficiente.

---

2. Enfoque: Mantente concentrado en lo que importa

Una vez que tengas un plan, el desafío es seguirlo. Aquí es donde el enfoque juega un papel crucial. Sin enfoque, incluso el mejor plan se desmorona.

Estrategias para mantener el enfoque:

a. Elimina las distracciones:

- **Apaga notificaciones:** Nada interrumpe más el flujo de trabajo que un mensaje o una alerta en tu celular.
- **Crea un espacio libre de distracciones:** Asegúrate de trabajar en un lugar donde puedas concentrarte sin interrupciones.

b. La Técnica Pomodoro:
Trabaja en intervalos de 25 minutos seguidos de un descanso de 5 minutos. Este método no solo mejora la concentración, sino que también evita el agotamiento.

- Ejemplo: Usa un temporizador físico o digital para medir tus intervalos.

c. Agrupa tareas similares:
Hacer tareas similares en un solo bloque de tiempo reduce la "fatiga de cambio".

- Ejemplo: Responde correos y llamadas en un solo bloque, en lugar de hacerlo durante todo el día.

3. Evaluación: Ajusta y mejora tu sistema

Un buen sistema de productividad no es estático; evoluciona con el tiempo. Al final de cada día o semana, dedica tiempo a evaluar qué funcionó y qué no.

Preguntas para reflexionar:
1. ¿Completé mis tres tareas más importantes?
2. ¿Qué me distrajo y cómo puedo evitarlo en el futuro?
3. ¿Necesito ajustar mi horario o prioridades para la próxima semana?

Herramienta recomendada:
Lleva un diario de productividad donde registres tus avances, tus desafíos y las lecciones aprendidas. Esto te ayudará a mejorar tu sistema constantemente.

Un ejemplo práctico: El día de Carlos

Carlos es un emprendedor que dirige una tienda de ropa en línea. Antes de implementar un sistema de productividad, pasaba sus días apagando incendios: atendía a clientes insatisfechos, lidiaba con problemas de inventario y revisaba correos constantemente. Siempre estaba ocupado, pero nunca avanzaba en sus metas a largo plazo.

Un día decidió crear un sistema simple pero efectivo:

1. **Planificó sus tres tareas clave cada noche.**
   - Crear una estrategia para aumentar las ventas.
   - Rediseñar la página principal de su tienda.
   - Capacitar a su equipo de atención al cliente.
2. **Bloqueó tiempo para estas tareas importantes.**
   - 9:00 AM - 11:00 AM: Estrategia de ventas (sin interrupciones).

- 2:00 PM - 3:00 PM: Rediseño de la página.
- 4:00 PM - 5:00 PM: Capacitación del equipo.
3. **Evaluó su progreso al final del día.**
  - Se dio cuenta de que la mayoría de los correos podían esperar hasta el final de la jornada, lo que liberó tiempo en la mañana para concentrarse en sus prioridades.

En solo una semana, Carlos notó que avanzaba más en sus metas y se sentía menos abrumado.

Ejercicio práctico: Diseña tu propio sistema

1. **Crea tu lista de prioridades:** Escribe las tres tareas más importantes para mañana.
2. **Bloquea tiempo para cada tarea:** Usa tu calendario o una libreta para reservar bloques específicos.
3. **Elimina una distracción:** Identifica una cosa que interfiere con tu productividad y decide cómo reducirla mañana.
4. **Evalúa tus resultados:** Al final del día, revisa qué funcionó y qué necesitas ajustar.

Conclusión del capítulo

Un sistema de productividad bien diseñado no solo organiza tu tiempo, sino que también reduce el estrés y te permite enfocarte en lo que realmente importa. No tienes que hacer todo perfecto desde el principio; lo importante es empezar y mejorar continuamente.

En el próximo capítulo, aprenderemos a eliminar el ruido que roba tu tiempo y tu energía, para que puedas mantener el enfoque en tus metas.

ELIMINA EL RUIDO

"Tu enfoque es tu superpoder. Lo que alimentas crece; lo que ignoras desaparece."

¿Qué es el ruido y por qué importa eliminarlo?

El ruido no es solo un sonido molesto o algo que escuchas en el fondo. En el contexto de la productividad, el ruido es todo aquello que distrae tu atención de las cosas que realmente importan. Puede ser externo, como notificaciones constantes o interrupciones, o interno, como pensamientos dispersos o preocupaciones innecesarias.

El ruido no solo roba tu tiempo; también agota tu energía mental. Cada vez que cambias de una tarea a otra por culpa de una distracción, pierdes enfoque y te toma más tiempo recuperar tu ritmo.

Ejemplo sencillo:
Imagina que estás escribiendo un plan para tu negocio y suena tu celular con una notificación. Revisas el mensaje, respondes, luego decides abrir Instagram "solo por un minuto". Cuando vuelves al plan, han pasado 15 minutos y te cuesta volver a concentrarte. Este ciclo, repetido varias veces al día, puede costarte horas de productividad.

Tipos de ruido que afectan tu productividad

1. Ruido externo: Las distracciones visibles

Este tipo de ruido proviene del mundo que te rodea. Puede ser:
- Notificaciones constantes del celular o la computadora.
- Personas interrumpiéndote en casa o en la oficina.
- Un espacio desordenado que te distrae visualmente.

2. Ruido interno: La batalla en tu mente

El ruido interno es más sutil pero igualmente dañino. Puede incluir:
- Pensamientos repetitivos como "¿Habré olvidado algo importante?"
- Preocupaciones sobre problemas que no puedes resolver ahora.
- La tendencia a procrastinar porque no sabes por dónde empezar.

Ambos tipos de ruido pueden desviar tu enfoque y hacer que pierdas horas en cosas que no importan.

Paso 1: Controla las distracciones externas

El primer paso para eliminar el ruido es identificar las fuentes externas de distracción y tomar medidas para reducirlas. Aquí hay estrategias que puedes aplicar:

a. Apaga las notificaciones innecesarias
Las notificaciones son como pequeños gritos que compiten por tu atención. Apaga todas las notificaciones de aplicaciones que no sean esenciales.
- Herramienta recomendada: Usa el modo "No molestar" de tu teléfono o aplicaciones como Focus Mode para silenciar interrupciones.

b. Establece límites físicos y horarios
- Si trabajas desde casa, crea un espacio designado para el trabajo y comunica a los demás que no deben interrumpirte

en ciertos horarios.
- Si trabajas en una oficina, usa auriculares para reducir el ruido ambiental y dar señales de que estás ocupado.

c. Crea un entorno de trabajo minimalista
Un espacio limpio y organizado ayuda a reducir las distracciones visuales. Elimina de tu escritorio todo lo que no sea necesario para tu tarea actual.

Paso 2: Domina el ruido interno

El ruido interno requiere un enfoque diferente porque proviene de tu mente. Estas estrategias pueden ayudarte a calmar tu mente y mantener el enfoque:

a. Usa la técnica de "escribir y soltar"
Cada vez que un pensamiento te distraiga, escríbelo en una libreta o en una nota digital y sigue con tu tarea. Saber que el pensamiento está registrado te permitirá liberarlo temporalmente.

b. Practica la regla de los 2 minutos
Si un pensamiento o tarea te interrumpe, pregúntate: *¿Puedo resolver esto en 2 minutos o menos?* Si la respuesta es sí, hazlo y sigue adelante. Si no, anótalo para después.

c. Haz pausas conscientes
La mente tiende a divagar más cuando está cansada. Usa descansos breves para recargar tu energía y mejorar tu concentración. Durante estos descansos, evita mirar el celular; en su lugar, sal a caminar, estírate o haz respiraciones profundas.

Paso 3: Aprende a decir "no"

Decir "sí" a todo puede llenar tu agenda con tareas y compromisos que no son realmente importantes. Aprender a decir "no" es una de las formas más efectivas de eliminar el ruido.

Cómo decir "no" sin sentirte culpable:
- Sé claro: "Gracias por pensar en mí, pero en este momento no puedo comprometerme."
- Ofrece una alternativa: "Quizás podríamos retomarlo en otra fecha."
- Practica: Cuanto más lo hagas, más fácil será.

Paso 4: Haz una "desintoxicación digital"

El ruido digital es uno de los mayores ladrones de tiempo. Las redes sociales, correos y aplicaciones son diseñados para capturar tu atención, pero tú puedes tomar el control.

Cómo hacer una desintoxicación digital:
1. **Establece horarios para revisar el correo y redes sociales.**
   - Ejemplo: Solo revisa el correo dos veces al día (por la mañana y por la tarde).
2. **Desactiva notificaciones.**
   - Mantén solo las alertas esenciales, como llamadas urgentes.
3. **Programa días sin redes sociales.**
   - Usa un día a la semana para desconectarte completamente y enfócate en otras actividades.

Un ejemplo real: Pedro y su "semana sin ruido"

Pedro es un emprendedor que sentía que nunca tenía tiempo suficiente. Su celular sonaba constantemente, y su escritorio estaba lleno de papeles y objetos que lo distraían. Decidió implementar una "semana sin ruido" para recuperar el control de su tiempo.

Esto fue lo que hizo:
1. **Apagó todas las notificaciones excepto las llamadas**

urgentes.
2. **Organizó su escritorio y creó un sistema para archivar documentos.**
3. **Usó auriculares con música instrumental para mantenerse enfocado.**
4. **Escribió en una libreta cada pensamiento que lo distraía.**

En solo una semana, Pedro notó que terminaba más tareas clave y se sentía menos estresado. Además, descubrió que muchas de las cosas que lo interrumpían antes no eran tan urgentes como pensaba.

Ejercicio práctico: Declara tu "Semana Sin Ruido"

1. **Haz una lista de tus principales distracciones:** Escríbelo todo, desde notificaciones hasta pensamientos que se repiten.
2. **Elige tres distracciones para eliminar:** Decide qué cambios harás esta semana.
    o   Ejemplo: Apagar notificaciones, evitar redes sociales durante el trabajo, establecer horarios sin interrupciones.
3. **Evalúa tus resultados:** Al final de la semana, reflexiona: ¿En qué mejoró tu enfoque? ¿Qué cambios permanentes puedes implementar?

Conclusión del capítulo

El ruido es un ladrón silencioso que roba tu tiempo, energía y enfoque. Al aprender a identificarlo y eliminarlo, puedes recuperar horas valiosas en tu día y dedicar tu atención a lo que realmente importa.

En el próximo capítulo, exploraremos cómo tomar decisiones rápidas y efectivas, una habilidad esencial para avanzar en tus metas como emprendedor.

TOMA DECISIONES RÁPIDAS Y EFECTIVAS

"Las decisiones que tomas hoy determinan el lugar donde estarás mañana."

La importancia de tomar decisiones efectivas

Como emprendedor, tomas decisiones todos los días: desde pequeñas elecciones como responder un correo hasta decisiones importantes como contratar a alguien o lanzar un nuevo producto. Sin embargo, no todas las decisiones son iguales, y algunas pueden consumir más tiempo y energía de lo necesario.

El problema:
Muchas personas quedan atrapadas en la **parálisis por análisis**, donde pasan tanto tiempo evaluando opciones que nunca toman una decisión. Esto no solo retrasa el progreso, sino que también genera estrés y ansiedad.

La solución:
Aprender a tomar decisiones rápidas y efectivas es una habilidad que puedes desarrollar. Este capítulo te mostrará cómo hacerlo sin sacrificar la calidad de tus elecciones.

Los 3 tipos de decisiones

Para tomar decisiones más fácilmente, primero necesitas entender que no todas requieren el mismo nivel de análisis. Aquí están los tres tipos principales:

1. Decisiones pequeñas

Estas son las decisiones diarias que no tienen un impacto significativo en tu vida o negocio.

- **Ejemplo:** ¿Qué desayunar? ¿Qué ropa usar?

Estrategia: Automatiza estas decisiones.

- Establece rutinas para reducir el tiempo que dedicas a pensar en ellas.
- **Ejemplo práctico:** Steve Jobs usaba siempre el mismo tipo de ropa para evitar gastar energía mental en decisiones triviales.

2. Decisiones medianas

Estas decisiones tienen un impacto moderado y requieren algo de análisis.

- **Ejemplo:** Elegir un proveedor para tu negocio o decidir si asistes a un evento de networking.

Estrategia: Limita el tiempo que dedicas a analizarlas.

- Usa la regla del 80/20: toma suficiente información para decidir, pero evita buscar la perfección.
- Establece un tiempo límite para decidir (por ejemplo, 30 minutos).

3. Decisiones grandes

Estas son las decisiones que afectan significativamente tu vida o negocio.

- **Ejemplo:** Contratar a un socio, abrir una nueva sede, o cambiar la dirección estratégica de tu negocio.

Estrategia: Usa un proceso estructurado.

- Evalúa los pros y los contras.
- Busca opiniones externas de mentores o expertos.
- Decide basado en tus metas a largo plazo.

Cómo superar la parálisis por análisis

El miedo a cometer un error es una de las principales razones por las que muchas personas posponen decisiones importantes. Sin embargo, la indecisión también es una decisión en sí misma, y rara vez es la mejor opción.

Estrategias para avanzar:

1. Usa la regla de los 2 minutos
Si una decisión puede tomarse en menos de 2 minutos, no la pospongas. Esto es especialmente útil para decisiones pequeñas o medianas.

2. Define un tiempo límite
No todas las decisiones necesitan días o semanas de análisis. Establece un tiempo límite claro para decidir.

- **Ejemplo:** Si estás eligiendo entre dos proveedores, date 24 horas para revisar sus propuestas y tomar una decisión.

3. Aprende a vivir con un 80% de certeza
Esperar tener el 100% de certeza para tomar una decisión es un error, porque nunca tendrás toda la información. En lugar de buscar la perfección, actúa cuando tengas el 80% de la información necesaria.

4. Pregúntate: ¿Qué es lo peor que puede pasar?
Muchas veces, el miedo a decidir se basa en escenarios catastróficos que son poco probables. Si identificas el peor resultado posible y te das cuenta de que puedes manejarlo, será más fácil actuar.

El modelo DECIDE para tomar decisiones efectivas

Este modelo en 6 pasos puede ayudarte a estructurar tu proceso de toma de decisiones:

1. **Define el problema:** ¿Qué necesitas decidir y por qué es importante?

2. **Evalúa las opciones:** Haz una lista de todas las alternativas disponibles.
3. **Consulta con otros:** Busca la opinión de alguien de confianza si es necesario.
4. **Identifica los pros y los contras:** Analiza el impacto de cada opción.
5. **Decide y actúa:** Toma una decisión y sigue adelante con ella.
6. **Evalúa el resultado:** Reflexiona sobre lo que funcionó y lo que no para mejorar en el futuro.

Ejemplo práctico: Ana y la expansión de su negocio

Ana dirige un negocio de catering y ha recibido una propuesta para asociarse con una cadena de hoteles. Es una oportunidad interesante, pero también implica asumir más responsabilidad y riesgo financiero.

Ana usa el modelo DECIDE:

1. **Define:** ¿Debería aceptar la propuesta de asociación?
2. **Evalúa:** Sus opciones son aceptar, rechazar o negociar términos más favorables.
3. **Consulta:** Habla con su contador y un amigo que también es emprendedor.
4. **Identifica:**
   - **Pros:** Aumentar ingresos, ampliar su red de clientes.
   - **Contras:** Mayor carga de trabajo, posible deuda inicial.
5. **Decide y actúa:** Negocia términos más favorables y firma un contrato con condiciones claras.
6. **Evalúa:** Después de 6 meses, analiza el impacto en su negocio y decide si continuar o ajustar.

El papel de la intuición en las decisiones

Aunque el análisis es importante, la intuición también juega un papel clave en la toma de decisiones. A veces, tu instinto puede ser tan valioso como los datos. La clave está en combinar ambos.

Cuándo confiar en tu intuición:

- Cuando tienes experiencia previa en el área de la decisión.
- Cuando una opción te genera una sensación de incomodidad o entusiasmo que no puedes ignorar.

Ejercicio práctico: Decide con claridad

1. **Identifica una decisión que has pospuesto:** Escribe en una hoja de papel qué necesitas decidir.
2. **Aplica el modelo DECIDE:** Define el problema, evalúa las opciones, consulta si es necesario, y decide.
3. **Establece un tiempo límite:** Date un plazo para tomar acción (por ejemplo, 24 horas).
4. **Reflexiona:** Una vez tomada la decisión, escribe qué aprendiste del proceso.

Conclusión del capítulo

Tomar decisiones rápidas y efectivas no significa ser impulsivo. Se trata de encontrar un equilibrio entre análisis e intuición, actuar con confianza y aprender de cada experiencia. Recuerda: no tomar una decisión también es una decisión, y generalmente no es la mejor.

En el próximo capítulo, exploraremos cómo delegar y automatizar tareas para multiplicar tu tiempo y enfocarte en lo que realmente importa.

MULTIPLICA TU TIEMPO CON DELEGACIÓN

"No se trata de hacer todo, sino de asegurarte de que todo se haga."

La mentalidad del "hacedor" vs. la del "líder"

Cuando comienzas un negocio, es natural querer hacerlo todo tú mismo. Crees que nadie más puede hacer las cosas tan bien como tú, o quizás piensas que delegar es caro o ineficiente. Sin embargo, esta mentalidad del "hacedor" tiene un límite: tu tiempo.

Un emprendedor de éxito entiende que no puede escalar un negocio sin ayuda. Cambia la mentalidad del "hacedor" por la del "líder". En lugar de centrarte en hacer cada tarea tú mismo, debes concentrarte en construir un sistema donde las cosas se hagan, incluso si no estás presente.

¿Por qué es crucial delegar?

Delegar no es simplemente "pasar el trabajo a otra persona". Es una estrategia clave para liberar tu tiempo, reducir tu carga mental y permitirte enfocarte en lo que realmente importa: las tareas estratégicas que impulsan tu negocio.

Beneficios de delegar:
1. **Ganas tiempo:** Te liberas de tareas rutinarias y te enfocas en actividades de alto impacto.
2. **Escalas tu negocio:** Delegar permite manejar más trabajo sin añadir horas a tu día.
3. **Mejoras la calidad:** Otros pueden ser expertos en áreas donde tú no lo eres, logrando mejores resultados.

Ejemplo sencillo:
Imagina que pasas 10 horas al mes gestionando tus redes sociales. Si contratas a alguien por $200 al mes para hacerlo, puedes usar esas 10 horas para cerrar más ventas o desarrollar nuevos productos. Es una inversión que se paga sola.

Identifica lo que debes delegar

El primer paso para delegar efectivamente es identificar qué tareas deberías dejar de hacer tú mismo. Una forma sencilla de hacerlo es dividir tus tareas en tres categorías:

1. Tareas que no requieren tu experiencia

Estas son actividades que consumes tiempo pero no requieren tu habilidad única.

- **Ejemplo:** Responder correos administrativos, agendar reuniones, gestionar inventarios.

2. Tareas que otros pueden hacer mejor que tú

Nadie es experto en todo. Hay tareas que alguien más podría hacer más rápido o con mayor calidad.

- **Ejemplo:** Diseño gráfico, manejo de redes sociales, contabilidad.

3. Tareas repetitivas y rutinarias

Estas son actividades que haces constantemente y que pueden ser delegadas o automatizadas.

- **Ejemplo:** Enviar facturas, publicar contenido, procesar pedidos.

El arte de delegar efectivamente

Delegar no significa simplemente pasar tareas al azar. Para que funcione, necesitas un sistema claro. Aquí están los pasos clave:

Paso 1: Selecciona las tareas correctas para delegar
Usa la clasificación anterior y prioriza las tareas que más tiempo te consumen o que son repetitivas.

Paso 2: Encuentra a la persona adecuada
No todas las tareas deben delegarse a la misma persona. Identifica a alguien con las habilidades necesarias para cada tarea.

- **Ejemplo:** Contrata a un asistente virtual para tareas administrativas, a un contador para tus finanzas o a un diseñador gráfico para tus materiales de marketing.

Paso 3: Define expectativas claras
- Explica exactamente qué necesitas.
- Establece plazos y resultados esperados.
- Proporciona ejemplos o guías para facilitar el trabajo.

Paso 4: Da seguimiento sin microgestionar
Delegar no significa ignorar. Revisa el progreso periódicamente, pero evita estar encima de la persona constantemente.

Automatización: Tu aliado invisible

Además de delegar, la automatización es una herramienta poderosa para multiplicar tu tiempo. Las tecnologías actuales permiten que muchas tareas se realicen de forma automática, sin intervención humana.

Tareas que puedes automatizar:
1. **Facturación y pagos:** Usa herramientas como QuickBooks o Wave para enviar facturas y recibir pagos automáticamente.
2. **Correos electrónicos:** Configura respuestas automáticas para preguntas frecuentes o usa plataformas como Mailchimp para campañas de correo masivo.
3. **Gestión de redes sociales:** Usa herramientas como Buffer o Hootsuite para programar publicaciones con semanas de anticipación.
4. **Seguimiento de clientes:** Implementa un sistema CRM (Customer Relationship Management) para registrar y dar seguimiento automático a tus clientes.

Ejemplo práctico:
Si estás enviando manualmente recordatorios de pago a tus clientes, puedes usar una herramienta de facturación automática. Esto no solo te ahorra tiempo, sino que también reduce errores.

Un ejemplo real: Marta y su negocio de consultoría

Marta es consultora y solía pasar horas gestionando su agenda, redactando propuestas y haciendo tareas administrativas. Esto le dejaba poco tiempo para atender a sus clientes.

Decidió delegar y automatizar:

1. Contrató a un asistente virtual para gestionar su agenda y responder correos.
2. Usó un software de propuestas para crear documentos con plantillas preconfiguradas.
3. Automatizó el seguimiento de clientes con un CRM.

En un mes, Marta redujo su carga de trabajo en un 40% y pudo aceptar más clientes, aumentando sus ingresos.

Preguntas para ayudarte a delegar y automatizar

1. ¿Qué tareas me quitan más tiempo, pero generan poco valor?
2. ¿Qué tareas podrían hacer mejor otras personas?
3. ¿Qué herramientas podrían automatizar parte de mi trabajo?
4. ¿Qué pasaría si dejo de hacer esta tarea?

Responder estas preguntas te ayudará a identificar las áreas donde puedes empezar.

Ejercicio práctico: Diseña tu plan de delegación

1. **Haz una lista de todas tus tareas semanales:** Identifica cuáles puedes delegar o automatizar.
2. **Encuentra recursos:** Investiga freelancers, asistentes virtuales o herramientas que puedan ayudarte.
3. **Establece prioridades:** Comienza con una o dos tareas y ve aumentando a medida que te sientas cómodo.
4. **Evalúa el impacto:** Después de delegar, mide cuánto tiempo has liberado y cómo puedes usarlo para actividades estratégicas.

Conclusión del capítulo

Delegar y automatizar no es un lujo; es una necesidad para cualquier emprendedor que quiera escalar su negocio. Al liberar tiempo de las tareas operativas, puedes enfocarte en lo que realmente importa: crear, innovar y liderar.

En el próximo capítulo, exploraremos cómo construir hábitos sólidos que te permitan mantener una productividad constante a largo plazo.

CONSTRUYE HÁBITOS QUE AHORREN TIEMPO

"No necesitas fuerza de voluntad para ser productivo; necesitas sistemas que funcionen automáticamente."

El poder de los hábitos

Los hábitos son como autopistas en tu cerebro: caminos bien trazados que te llevan automáticamente de un lugar a otro. Una vez que algo se convierte en un hábito, ya no necesitas pensar mucho para hacerlo. Esto reduce la fatiga mental y libera tu mente para concentrarte en decisiones más importantes.

Ejemplo sencillo:
Imagina que cada mañana te tomas 15 minutos para revisar tus redes sociales al despertarte. Es algo que haces sin pensar porque se ha convertido en un hábito. Ahora bien, ¿qué pasaría si usaras esos 15 minutos para planificar tu día? Esta pequeña acción repetida diariamente podría transformar tu productividad.

Por qué los hábitos son esenciales

para ahorrar tiempo

Sin hábitos sólidos, cada día es una lucha para decidir qué hacer y cuándo hacerlo. Esto consume energía mental que podrías usar para tareas importantes. Los emprendedores exitosos no confían solo en su motivación; crean hábitos que trabajan a su favor.

Beneficios de los hábitos productivos:

1. **Reducen la toma de decisiones:** Automatizas acciones clave, dejando más espacio mental para tareas importantes.
2. **Aumentan la consistencia:** Al repetir acciones positivas diariamente, ves resultados acumulativos a largo plazo.
3. **Disminuyen el estrés:** Saber exactamente qué hacer y cuándo hacerlo elimina la incertidumbre.

Cómo se forman los hábitos

Todos los hábitos, buenos o malos, siguen un patrón llamado **bucle del hábito**. Este bucle tiene tres partes:

1. **Disparador:** Es el evento que inicia el hábito.
   - Ejemplo: Suena tu alarma por la mañana.
2. **Rutina:** Es la acción que realizas.
   - Ejemplo: Revisas tu celular.
3. **Recompensa:** Es el beneficio que obtienes, lo que refuerza el hábito.
   - Ejemplo: Sientes curiosidad satisfecha al ver las notificaciones.

Para construir un hábito positivo, necesitas identificar estos elementos y ajustarlos para trabajar a tu favor.

Cómo crear hábitos que ahorren tiempo

1. Comienza con algo pequeño

No trates de cambiar todo a la vez. En lugar de intentar

implementar cinco nuevos hábitos, empieza con uno pequeño que sea fácil de mantener.

Ejemplo práctico:
Si quieres leer más libros, comienza leyendo solo 5 minutos al día. Una vez que lo hagas constantemente, puedes aumentar el tiempo.

2. Usa disparadores efectivos

Elige un evento cotidiano como disparador para iniciar tu nuevo hábito.

- **Ejemplo:** Después de tomar tu café por la mañana, dedica 10 minutos a planificar tu día.

3. Diseña tu entorno

Haz que el hábito sea más fácil eliminando obstáculos.

- **Ejemplo:** Si quieres hacer ejercicio, coloca tu ropa deportiva donde puedas verla al despertar.
- **Ejemplo contrario:** Si quieres evitar distracciones, guarda tu celular fuera de tu alcance mientras trabajas.

4. Refuerza el hábito con recompensas

Cada vez que completes tu hábito, date una pequeña recompensa para reforzarlo.

- **Ejemplo:** Después de 30 minutos de trabajo enfocado, toma un descanso y escucha tu música favorita.

Hábitos clave para emprendedores

Aquí tienes algunos hábitos que pueden transformar tu productividad:

1. Planificar tu día cada mañana

- Dedica 10 minutos a establecer tus tres prioridades más importantes.

- Usa herramientas como una libreta o aplicaciones de planificación.

2. Bloquear tiempo para tareas importantes
- Reserva bloques específicos en tu calendario para tareas clave.
- Durante ese tiempo, elimina todas las distracciones.

3. Revisar tus metas semanalmente
- Cada domingo, evalúa tu progreso y ajusta tus planes para la semana siguiente.

4. Aprender constantemente
- Dedica al menos 20 minutos al día a leer o aprender algo nuevo que impulse tu negocio.

Cómo romper hábitos que consumen tiempo

No basta con crear nuevos hábitos; también necesitas eliminar los que te roban tiempo. Aquí tienes una estrategia:

Paso 1: Identifica el hábito negativo
Haz una lista de las cosas que haces diariamente y que no aportan valor.
- **Ejemplo:** Revisar redes sociales cada 10 minutos.

Paso 2: Cambia el disparador
Si el disparador de tu hábito negativo es, por ejemplo, una notificación, desactívalas.

Paso 3: Sustituye la rutina
Reemplaza el hábito negativo con uno positivo.
- **Ejemplo:** En lugar de revisar redes sociales, lee un artículo relacionado con tu industria.

Un ejemplo real: Juan y su hábito de procrastinar

Juan es un emprendedor que solía pasar horas en YouTube viendo videos motivacionales, diciéndose que estaba "aprendiendo". Sin embargo, al final del día no había avanzado en sus proyectos.

Decidió implementar un nuevo hábito:

1. Identificó el disparador: Revisaba YouTube cada vez que se sentía abrumado con una tarea difícil.
2. Cambió la rutina: En lugar de abrir YouTube, escribía en su libreta tres pasos pequeños que podía dar para avanzar en la tarea.
3. Recompensó el hábito: Después de completar los tres pasos, se daba 10 minutos para ver un video inspirador.

En pocas semanas, Juan notó que procrastinaba menos y terminaba más tareas clave.

Ejercicio práctico: Implementa un hábito positivo

1. **Elige un hábito:** Escribe un hábito que quieras desarrollar.
   - **Ejemplo:** Planificar tu día cada mañana.
2. **Diseña tu bucle del hábito:**
   - **Disparador:** ¿Qué evento iniciará el hábito?
     - Ejemplo: Después de tomar mi café.
   - **Rutina:** ¿Qué harás?
     - Ejemplo: Escribiré mis tres prioridades en mi agenda.
   - **Recompensa:** ¿Qué ganarás?
     - Ejemplo: Satisfacción de tener claridad para el día.
3. **Prueba durante 21 días:** Los hábitos se construyen con repetición. Dedica al menos 21 días a este proceso y evalúa tus resultados.

Conclusión del capítulo

Construir hábitos sólidos no es un proceso rápido, pero los beneficios son inmensos. Cada hábito que implementes reducirá tu carga mental, te ahorrará tiempo y te acercará a tus metas.

Recuerda: no necesitas cambiar todo de golpe. Empieza con un hábito pequeño y construye sobre él.

En el próximo capítulo, exploraremos cómo medir tu progreso y ajustar tu estrategia para maximizar tu tiempo de manera continua.

MIDE Y AJUSTA TU PROGRESO

"Lo que no se mide, no se mejora."

La importancia de medir tu tiempo

Imagina que estás construyendo una casa, pero nunca verificas si las paredes están rectas o si el techo está bien colocado. Lo más probable es que termines con una estructura inestable. Lo mismo ocurre con la gestión del tiempo. Si no evalúas cómo lo estás utilizando, no sabrás si estás progresando o desperdiciándolo.

Medir tu tiempo no es complicado ni tedioso. Es un ejercicio que te permite identificar qué está funcionando, qué no y cómo puedes ajustar tus estrategias para alcanzar tus metas de manera más eficiente.

Beneficios de medir tu progreso

1. **Claridad:** Descubres en qué estás invirtiendo realmente tu tiempo.
2. **Responsabilidad:** Te haces consciente de tus hábitos diarios.
3. **Ajustes rápidos:** Detectas rápidamente los problemas y

aplicas soluciones.
4. **Progreso visible:** Ves cómo cada pequeño cambio impacta tus resultados a largo plazo.

Paso 1: Haz una auditoría de tu tiempo

El primer paso para medir tu progreso es entender cómo estás usando tu tiempo actualmente. Esto se llama **auditoría del tiempo**.

Cómo hacerlo:
1. **Registra tus actividades:** Durante una semana, anota todo lo que haces en bloques de 30 minutos. Sé honesto, incluso si pasaste tiempo en redes sociales o procrastinando.
2. **Clasifica las actividades:** Usa categorías como:
    o   Tareas productivas (trabajo estratégico, planificación).
    o   Tareas administrativas (responder correos, reuniones).
    o   Distracciones (redes sociales, interrupciones).
3. **Evalúa:** ¿Cuánto tiempo estás dedicando a actividades productivas versus distracciones?

Ejemplo:
Si descubriste que pasas 2 horas al día en tareas administrativas que podrías delegar, has identificado una oportunidad para liberar tiempo.

Paso 2: Usa indicadores clave de productividad

Los indicadores clave de productividad (KPI) te ayudan a medir tu desempeño de manera objetiva. Aquí tienes algunos ejemplos para emprendedores:

1. **Tareas clave completadas:** ¿Cuántas de tus prioridades diarias lograste terminar?
2. **Horas productivas:** ¿Cuánto tiempo real dedicaste a actividades de alto impacto?

3. **Progreso en metas:** ¿Qué tanto avanzaste hacia tus objetivos semanales o mensuales?
4. **Tiempo libre:** ¿Cuánto tiempo lograste liberar para descansar o disfrutar?

Herramienta recomendada: Usa una hoja de cálculo o aplicaciones como Toggl para registrar y analizar estos indicadores.

Paso 3: Reflexiona sobre lo que funciona y lo que no

Una vez que tengas claridad sobre cómo usas tu tiempo, dedica unos minutos a reflexionar:

- **¿Qué hábitos nuevos están funcionando?**
    - Ejemplo: "Planificar mi día por las mañanas me ha ayudado a mantenerme enfocado."
- **¿Qué tareas podrían delegarse o eliminarse?**
    - Ejemplo: "Responder correos podría delegarse a un asistente."
- **¿Qué distracciones debo seguir eliminando?**
    - Ejemplo: "Revisar redes sociales durante el trabajo sigue siendo un problema."

Paso 4: Ajusta tu sistema

La gestión del tiempo no es algo estático. Lo que funciona hoy puede necesitar ajustes mañana. Por eso, es importante revisar tu sistema de manera regular.

Cómo ajustar tu sistema:

1. **Revisa tu planificación:** ¿Tus herramientas actuales están funcionando?
2. **Evalúa tus bloques de tiempo:** ¿Son demasiado largos o cortos?
3. **Aumenta las tareas delegadas:** ¿Qué más podrías delegar o automatizar?
4. **Establece metas claras:** Si te sientes perdido, vuelve a

definir tus prioridades.

Un ejemplo real: Andrea y su revisión semanal

Andrea es una emprendedora que dirige un negocio de consultoría. Aunque había implementado un sistema de productividad, sentía que aún estaba ocupada pero no avanzaba lo suficiente. Decidió hacer una auditoría de su tiempo y revisar su progreso semanalmente.

Esto fue lo que descubrió:

1. Pasaba demasiado tiempo en tareas administrativas.
2. No estaba dedicando suficiente tiempo a buscar nuevos clientes.
3. Las reuniones ocupaban más tiempo del necesario.

Con esta información, Andrea ajustó su sistema:

1. Delegó las tareas administrativas a un asistente virtual.
2. Reservó dos bloques de tiempo por semana para prospectar nuevos clientes.
3. Limitó sus reuniones a 30 minutos y solo en ciertos días.

En un mes, Andrea notó que estaba cerrando más ventas y tenía más tiempo libre.

Ejercicio práctico: Tu revisión mensual

1. **Registra tus actividades:** Haz una auditoría de tu tiempo durante una semana.
2. **Identifica áreas de mejora:** Clasifica tus actividades y encuentra qué puedes ajustar.
3. **Establece metas para el próximo mes:** Define tres cambios que implementarás para mejorar tu gestión del tiempo.
4. **Evalúa:** Al final del mes, revisa tu progreso y ajusta nuevamente.

El poder del progreso continuo

Medir y ajustar tu tiempo no es algo que haces una sola vez. Es un proceso continuo que te permite crecer y mejorar constantemente. Cada pequeño ajuste suma, y con el tiempo, notarás un impacto significativo en tu productividad y calidad de vida.

Conclusión del capítulo

El tiempo es un recurso limitado, pero tu capacidad para usarlo de manera efectiva no tiene límites. Al medir y ajustar continuamente, puedes construir un sistema que se adapte a tus necesidades y te permita alcanzar tus metas con mayor eficiencia.

En el próximo capítulo, la **Conclusión del Libro**, haremos un resumen de las lecciones más importantes y te dejaremos con un llamado a la acción para aprovechar al máximo cada minuto.

TU TIEMPO, TU LEGADO

"El tiempo sigue corriendo. La pregunta no es cuánto tienes, sino cómo lo estás usando."

Un viaje hacia el control del tiempo

Has llegado al final de este libro, pero, más importante aún, al comienzo de una nueva forma de relacionarte con tu tiempo. A lo largo de estas páginas, hemos explorado estrategias, herramientas y sistemas diseñados para ayudarte a tomar el control de tus días y construir la vida que deseas como emprendedor.

Piensa en esto: cada minuto que inviertes en mejorar cómo usas tu tiempo no solo te acerca a tus metas, sino que también construye tu legado. No se trata de trabajar más horas ni de llenar cada momento con actividad, sino de ser intencional con cada decisión y acción.

Lecciones clave del libro

Hagamos un repaso de las ideas más importantes que hemos compartido:

1. **El tiempo es tu activo más valioso.**
   Aprendiste a cambiar tu mentalidad y a ver el tiempo como un recurso limitado que debe ser invertido sabiamente.
2. **Identificar prioridades es clave.**
   No todo es igual de importante. Usaste herramientas

como la Matriz de Eisenhower para enfocarte en las tareas que realmente importan.
3. **Un sistema de productividad es indispensable.**
Diseñaste un sistema con planificación, bloques de tiempo y revisiones regulares para maximizar tu enfoque.
4. **Elimina el ruido.**
Aprendiste a identificar y reducir distracciones, tanto externas como internas, que roban tu atención.
5. **Tomar decisiones rápidas te impulsa hacia adelante.**
Descubriste cómo superar la parálisis por análisis y actuar con confianza, incluso en situaciones complejas.
6. **Delegar y automatizar multiplica tu tiempo.**
Dejaste de intentar hacerlo todo tú mismo y aprendiste a confiar en otras personas y herramientas.
7. **Los hábitos son la clave para la consistencia.**
Implementaste rutinas que trabajan a tu favor, reduciendo el esfuerzo mental diario.
8. **Medir y ajustar es un proceso continuo.**
Reflexionaste sobre tus avances y ajustaste tu sistema para mejorar continuamente.

TOMA ACCIÓN AHORA MISMO

Ahora es tu turno. Este libro te ha dado las herramientas, pero el verdadero cambio depende de ti. Las estrategias aquí presentadas no funcionarán a menos que las pongas en práctica. No tienes que implementarlas todas de golpe. Empieza con un paso pequeño, un cambio, un hábito.

Haz de la acción una prioridad. Aquí tienes una sugerencia para comenzar:

1. **Revisa tus prioridades:** Antes de terminar este día, escribe tus tres metas más importantes para la próxima semana.
2. **Planifica tu tiempo:** Usa tu calendario para reservar bloques de tiempo dedicados exclusivamente a esas metas.
3. **Evalúa:** Al final de la semana, reflexiona sobre qué funcionó y qué puedes mejorar.

UN MENSAJE FINAL

El tiempo es la moneda más valiosa de tu vida. Cada minuto que inviertes es una oportunidad para avanzar, aprender, crecer y construir. Pero también es un recordatorio de que el tiempo no espera a nadie. Lo que haces hoy importa. Lo que decides hacer mañana importa aún más.

Este libro es solo el comienzo de tu viaje. Las herramientas están aquí para ti, listas para ser usadas y adaptadas a tus necesidades. Recuerda: no se trata de hacer todo perfecto, sino de hacer lo importante, un paso a la vez.

Tu tiempo está en tus manos. Úsalo sabiamente. Construye tu legado. Y, sobre todo, nunca dejes de avanzar.

Gracias por permitir que este libro sea parte de tu camino. El futuro es tuyo para crearlo. ¡Empieza ahora!

EXTRAS Y RECURSOS RECOMENDADOS

Para continuar con tu desarrollo, aquí tienes algunos recursos que pueden ayudarte a profundizar en lo aprendido:

- **Libros recomendados:**
    - *Hábitos Atómicos* de James Clear.
    - *Esencialismo: La Búsqueda Disciplinada de Menos* de Greg McKeown.
- **Aplicaciones útiles:**
    - Trello, Asana o Notion para gestionar tareas.
    - Toggl o Clockify para medir tu tiempo.
    - Forest para mantener el enfoque y evitar distracciones.
- **Plantillas descargables:**
    - Matriz de Eisenhower.
    - Plantilla de Time Blocking.
    - Registro semanal de productividad.

"El tiempo sigue corriendo. ¿Qué harás con él a partir de ahora?"

www.ingramcontent.com/pod-product-compliance
Lightning Source LLC
Chambersburg PA
CBHW071434220526
45469CB00004B/1530